JN438268

그래, 맞아

시와문화 시선 74

그래, 맞아

솔림率林 신언관

시와문화

■시인의 말

농사지은 지 사십 년
매년 같은 작목인데도 헤맨다
땅과 비와 바람과 햇빛이
같지 않기 때문이다.

모든 세상사가 그럴 것이다
칠순이 다가오고 있다
허망하기 이를 데 없다

그동안 농사지으며 틈틈이 써놓았던 것을
별반 수정 없이 시집으로 묶었다

어느덧 여섯 번째 시집
부끄러움 무릅쓰고 세상에 내놓는 까닭은
나를 굳건히 하기 위함이다
시가 세상의 티끌 하나 변화시키지 못할지라도
홀로 산꼭대기에서 깃발을 흔드는 심정으로
두 눈 질끈 감고 출간하게 되었다

2024년 정월 오창 우거에서
오봉산인梧鳳散人 신언관 씀

| 목차 |

■시인의 말 _ 5

제1부

그래, 맞아 1 _ 12
그래, 맞아 2 _ 13
그래, 맞아 3 _ 14
그래, 맞아 4 _ 15
그래, 맞아 5 _ 16
그래, 맞아 6 _ 17
그래, 맞아 7 -공현진의 일출 _ 18
그래, 맞아 8 -노을의 기도 _ 20
그래, 맞아 9 _ 22
그래, 맞아 10 -쓰름매미 _ 24
그래, 맞아 11 _ 25
그래, 맞아 12 -참새 _ 26
그래, 맞아 13 _ 28
그래, 맞아 14 _ 30
그래, 맞아 15 _ 31
그래, 맞아 16 _ 32

제2부

그래, 맞아 17 -백중의 밤 _ 34
그래, 맞아 18 _ 36
그래, 맞아 19 _ 37
그래, 맞아 20 _ 38
그래, 맞아 21 _ 40
그래, 맞아 22 _ 41
그래, 맞아 23 _ 42
그래, 맞아 24 _ 43
그래, 맞아 25 _ 44
그래, 맞아 26 _ 45
그래, 맞아 27 _ 46
그래, 맞아 28 _ 47
그래, 맞아 29 _ 49
그래, 맞아 30 _ 50
그래, 맞아 31 _ 51
그래, 맞아 32 _ 54
그래, 맞아 33 _ 56
그래, 맞아 34 _ 58

제3부

그래, 맞아 35 _ 60
그래, 맞아 36 _ 62
그래, 맞아 37 _ 63
그래, 맞아 38 _ 65
그래, 맞아 39 _ 66
그래, 맞아 40 -2023년 광복절에 _ 68
그래, 맞아 41 _ 70
그래, 맞아 42 _ 72
그래, 맞아 43 _ 74
그래, 맞아 44 _ 75
그래, 맞아 45 _ 76
그래, 맞아 46 _ 78
그래, 맞아 47 _ 80
그래, 맞아 48 _ 82
그래, 맞아 49 _ 83
그래, 맞아 50 _ 84
그래, 맞아 51 _ 87

제4부

그래, 맞아 52 _ 90
그래, 맞아 53 _ 92
그래, 맞아 54 _ 94
그래, 맞아 55 -추곡수매 변천사 _ 95
그래, 맞아 56 _ 98
그래, 맞아 57 -캐모마일 _ 99
그래, 맞아 58 -가을 밤하늘 _ 100
그래, 맞아 59 -모내기 _ 102
그래, 맞아 60 _ 103
그래, 맞아 61 _ 104
그래, 맞아 62-가을로 가는 길 _ 106
그래, 맞아 63 _ 108
그래, 맞아 64 _ 110
그래, 맞아 65 _ 111
그래, 맞아 66 -겨울 보리밭에서 _ 112
그래, 맞아 67 -종심從心 _ 113

■해설 자연의 섭리 빌어 삶의 철리를 밝히다/ 박몽구 _ 115

제1부

그래, 맞아 1

니들이 뭘 알어
니까짓 것들은 몰라
얼마나 예쁜지

때론 눈물이지만
꽉 들어찬 행복이지
니들이 다 뺏어간 뒤 찾아온
뭐 그런 아름다움이지

니들은 몰라
암, 모르고 말고

그래, 맞아 2

내 이래 봬도
광한루 오작교를
새잎 돋는 따뜻한 봄날
연인과 손잡고 건넌
그런 사람이거늘

비록 견마 잡힐 권세는 없어도
사랑 담을 품은 넓어

세상이 날 보고 웃으면
그냥 허허 웃지요

그래, 맞아 3

동트기 전
청보리와 나눈 얘기
마저 끝맺지 못하고
다음을 약속하고 떠난다

올해 못하면 내년도 있겠지

그러다 이번 생애 아니면
그러면 또 어떠랴

그래, 맞아 4

이른 아침
남쪽 하늘에 반달이 뜨는
삼월이 오면
나의 뜰에 수선화 새싹 내밀고
산수유 미선나무꽃 터오르는데

동트기 전부터
마을 고샅 헤집는 경운기 소리에
더럭 겁부터 나서
어떻게 한 해를 견뎌내야 하는지
눈앞이 먹먹해지는데

명줄보다 질긴 게 사람의 서사라서
어딘가 돌 틈에서 싹트길 기다리는
낟알의 생명처럼 그렇게
나의 기다림을 찾아
두 팔 치켜들고 들로 나간다

그래, 맞아 5

눈 많이 내린 어젯밤
부엉이가 울다 갔었지
익숙한 어둠에 잠이 들었고
몇 번은 와본 듯한 곳에 가게 되었지

맑고 푸른 바닷가
툇마루에서 낚싯대 드리우고
해거름에 통발 두 개 던져놓고
전복라면과 양갱으로 허기를 면하고
쉽게 시 한 편 쓰고
파도 소리에 잠 깨어 바라보니
등대 건너편 갈매기떼 날아와
훠어이 소리쳐 쫓아내는
열다섯 평 따뜻한 함석집
등대 옆 집…

꿈이었지

그래, 맞아 6

이제
내리막 고갯길
허리 둘둘 말아
굴러갈까

그래, 맞아 7

–공현진의 일출

밤새워 일깨우는 파도는
따뜻한 체온의 숨결로
세상의 처음으로 다가온다

그렇게 맞잡은 손은
옵바위의 전설을 새로 만들며
짧지 않은 밤의 속삭임으로 다가온다

그침 없는 저 파도처럼
함께 주어진 길을 가리라

이윽고 여명의 설레임으로 빛이 다가오고
그대를 맞이한다
붉은 정염의 뜨거움으로 솟아오른

그대를 내 안에 가둔다

바위를 찾는 파도의 간절함으로
고개 숙인 맹세도 그러하길 기도하며
오랫동안 버리지 못한 부끄러움을
갈매기 날개 위로 씻어 보낸다

그래, 맞아 8
-노을의 기도

안산 노을 빛을 잃어가고
땅거미 짙어지는 어둠에 서면
산등성이 따라 붉은 구름 헤치고
금방이라도 달려올 것 같아

지친 오늘이 힘겹게 가고
마주친 눈빛 차마 고개 들 수 없어
그렇게 넋 없이 우두커니 서서
손 내밀어 그대의 체온을 안는다

한 줄기 남은 노을의 잔영마저
나무 등걸 사이로 사라지면
남겨진 산의 형해*를 붙잡고
비켜 간 운명을 꾸짖는다

모든 것 사라지고 난 뒤
그리움마저 떠난 저 노을 속에
무엇이 남겨져 있었는지
잔불을 헤집으며 확인하지 않으련다

*형해形骸 : 생명이 없는 육체

그래, 맞아 9

이른 아침 들로 나가
한 양푼 땀을 쏟고
이제 들어왔어요

며칠 내린 가을 장맛비에
사방 눈 닿는 곳마다
밀린 일이 여기저기 널렸는데

마음은 허리보다 더 아파오고
외양간에서 꿈을 잃고 살아내는 게
시큰거리는 손보다 더 시립니다

해마다 그 자리
대문 옆 한구석에
백일홍 피면 동해바다 가자던
약속도 지났고

이렇게 위안의 편지라도 보내야
오후의 일 손에 잡힐 수 있기에
쏟아지는 빗물에 흘려보냅니다

그래, 맞아 10

-쓰름매미

여름 내내 얼마나 울었는지
아니, 실컷 소리를 질러댔는지
그는 기력이 다해
내 손이 날개에 닿는데도
잠깐 경련이 있을 뿐
힘겹게 나무 등걸 붙들고 있었지

아마 알고 있었을 거야
아직 많은 여름의 날들이 있건만
소리 낼 수 있는 날이
얼마 남지 않았다는 것을

그래, 맞아 11

밤고개에 제사 공장이 있어
곳곳에서 흔하게 먹을 수 있었지

고치에서 실 뽑고 남은 애벌레
리어카에 연탄불로 김 모락모락 피우며
절대 꽝이 없는
행운의 돌림판에 송곳으로 찍어
재수 좋으면 두 봉지 먹었던

봄 누에 여섯 장 쳐서 수매하면
한 학기 등록금 하고 책값은 되었지
떨리는 손으로 그 돈 아버지한테 받아서
서울 가는 기차를 탔었지
대학 공부한다고

그러게
뻔데기 앞에서 주름 잡지 말라
이게 여느 주름이더냐
칠십 평생 늙은 농부의 주름 아니더냐

그래, 맞아 12
-참새

해 넘어가고 꽤 어둑해진 저녁
고드름 초가 지붕 처마에
살그머니 손을 넣으면

꼼지락 거리며 움직이는
놀라움과 쾌감이 전율로 다가오고
손가락을 모아 살포시 움켜쥔다

도시 어둔 골목
카바이트 불빛 포장마차
술안주가 되기도 했던

혹은 아궁이 군불 땐 잔불에
노릿한 냄새 풍기며 굽기도 했었던

정지용 생가라도 가야
초가지붕 볼 수 있고

여기저기 고기가 지천으로 흔하고
먹을 게 넘쳐나는 지금은
동화가 되어버린 옛 추억

그래, 맞아 13

장독대에 정안수 떠놓고
두 손을 맞대고 빌고 비는
어머니의 기도

어릴적 자주 보았던
기도하는 무명치마 어머니의 뒷모습
참빗 가름마 한 올 흐트러짐 없는
정갈한 낭자머리와 은비녀

산과 강의 정기를 모아
조상님들의 음덕을 불러들여
하늘님의 가호를 받치며

내 식구 내 혈육 내 피붙이
건강하고 무사하게 잘되라고

이보다 더 간절한 기도는 없다
이보다 더 소중한 기도는 없다
이보다 더 아픈 기도는 없다
이보다 더 진실된 기도는 없다

이보다 더 숭고한 기도는 없다

자식을 위한 이 기도를
감히 기복이라 폄훼할 자 누구인가

나라와 백성을 위한다는
애국지사의 기도보다
수천 배, 수만 배 높고 큰 것임을

내 몸과 하나 된 소망이 무엇인지
종심에 이르러 알게 되었으니

그래, 맞아 14

야, 내 한참 때는 말야
이 산꼭대기에서 펄쩍 뛰면
저쪽 산꼭대기로 날아다녔지

물론 뻥이지
하지만 그 구라 속엔
늘 눈물이 있는 거야

그래 맞아 15

홍수의 물살 타고
금강 저끝에서 올라온 참게
횃불든 여름밤의 청년들은
물살 튀기는 발걸음 숨죽이며
가마니에 주워담기 바쁘다

햇빛 따가운 한낮에
치마 둘둘 말아 허리에 동여매고
얼기미 들고 강 가 모래 훑으면
말조개 재첩조개 한 웅큼씩 쏟아지던

어릴 적 그 강둑에 서 있다
피부병 생길까봐 발목 담그기도 꺼려지는
나의 강, 우리의 강
발가벗고 자맥질하던 그 강 아니던가

살다보면 언젠가는 바뀌겠지
이곳에서 증손자는 멱감을 수 있겠지
참게 잡고 조개도 잡을 수 있겠지

그래, 맞아 16

올들어 처음 눈길 걸어요
보리밭까지 멀지 않은데
발자국마다 놓이는 웃음에
약속의 말이 떠오르고

그래, 보리밭엔 까마귀 날아야
그것이 걸맞은 풍경으로 다가오듯
가슴엔 그리움이 있어야
그것이 사람의 제모습 아니겠는가

오래전 맞춰진 인연일지도 몰라
비워진 들판 푸르른 이곳으로
비상의 날개 바람 타고
때맞춰 첫눈이 쏟아지네요

제2부

그래, 맞아 17

–백중의 밤

며칠 이어진 가을장마 그치니
귀뚜라미 울음 가득한 방

뒷문에서, 들창문에서, 뜨락 섬돌에서
떨어진 능소화 꽃잎에서
내 막막한 가슴에서
떼창으로 들려온다

살이 늙어가는 소리가 있다면
아마도 저 소리가 아닐까
닳아진 꿈을 찾는 소리가 있다면
아마도 저 소리가 아닐까

사랑하는 사람이 보내온
보름달 발원의 바람도

저 소리가 아닐까

그러다 울음이 옅게 사그라들면
화엄사 연기암 문수보살께 드리는
기도 소리로 들려온다

*백중百中 : 음력 7월 15일

그래, 맞아 18

세상이 어둡다고
눈 감으면
어둠이 잊혀질까

그렇지 않은 세상
언제라도 없었으니
어부사*를 부를 수밖에

하여 마음 두지 말고
근력 다하는 날까지
푸른 들녘 만들어가세나

*어부사漁父辭 : 전국시대 초나라 시인 굴원屈原의 글

그래, 맞아 19

딱히 갈 곳 없이
언제 돌아온다는 약속도 없이
훌쩍 떠나본 사람은 안다

며칠 혹은 몇 년이 지나도
결국은 제자리에 멈춰서
아무것도 변하지 않는다는 것을

내가 그대로인데 뭐가 바뀌겠는가

그래, 맞아 20

옛날 옛적 아주 먼 옛날에
나뭇꾼이 살았는데
하루는 나무하러 깊은 산중에 들었다가
깨금나무가 눈에 띄어
늙으신 어머니께 드리려 봉창에 따 넣었는데

하늘이 어두워지며 소나기가 내려
마침 동굴이 있어 그곳으로 피하였고
얼마 후 난데없이 도깨비들이 몰려오는 게 아닌가

이빨로 딱 하니 깨금을 깨물자
혼비백산 놀라 도망치는 도깨비들
놓고 달아난 도깨비방망이를 주워 와
금은보화 가득하니
오래오래 행복하게 잘 살았다는

혹시나 하고 오늘도

지게 지고 산을 오르지만

그래, 맞아 21

밤바람은
강물을 거슬러
깊은 주름을 가르고

다시 돌아올 수 없는 바람
움켜쥔 손을 벗어난다

퇴색한 꿈이 날아간다

한결 가벼운 몸으로
바람에 기댄다

이렇게 편한 것을

그래, 맞아 22

천자문 배울 때부터
오십 넘어 까지
수천 번 아버지가 했던 말

대부유천 소부유근大富由天 小富由勤이니
부지런히 일하여
남부끄럽지 않게 살도록 하여라
못 살면 나만 억울할 뿐
누구 하나 안되었다고 도와줄 사람 없다
동기간도 그러하니 명심하거라

그래, 맞아 23

새벽 동쪽
어둑한 하늘
그믐달 안개에 가려진 날

내 무덤에
꽃 한 송이 놓고

눈물로 숨이 막혀
돌아서 바라보다

차마 걸음 뗄 수 없어
주문이라도 올리면

사랑, 그제야 전설이 된다

그래, 맞아 24

거미줄에 걸린 달이
구름 속을 달려간다
서쪽 산 넘을 때까지

누구나 그렇듯

그래, 맞아 25

산들바람에 실려 온 들꽃 향기도
그 자리 서 있는 사람에 따라
냄새가 달라진다
살펴볼수록 동서좌우가 범벅이다
눈 감으면 더욱 또렷하다

배고프면 요기하고
때 되면 곡식 가꾸고
그렇게 멈춘 시간을 잡아 끈다

오직 바라는 것은
들국화 펴오르길 기다리며
강물에 잠긴 노을 속에
진실을 버리는 일이다
진실이라 믿었던 것을 버리는 일이다

그래, 맞아 26

고놈 참 탐스럽다
어쩜, 볼수록 이리 소담하지
한 입 깨물고 싶다

그래, 맞아 27

쉬 다가온 석양을 마주하니
옛일 생각에 가슴이 먹먹하다
아 그때 그러지 말았어야

다른 선택을 했더라면
지금의 나는 어느 지점에 있을까
강바람에 몸이 기운다

자신을 위로하기엔 이미 늦은
새옹의 말을 빌려올 까닭이 없듯
언제나 절망은 우연보다 빨리 왔고

이제 어찌 마무리해야 하는지
아직 쓰지 못한 비문에
더는 쪽팔리지 말아야 한다고

누구도 쳐다보지 않지만
남겨진 몇 편과 더 쓰일 시가 있어
이렇게 고개 숙이고 있지 아니한가

그래, 맞아 28

낼모레 할머니 만나면
아픈 몸 좀 낫게 해달라고 해야지

어릴 적 두드러기 났을 때
발가벗은 알몸으로
변솟간 옆에서 짚 태운 연기 쏘이며
무어라 주문을 외며
잇비로 몸을 쓸어주었었지
그래서 몸 가려운 게 나았지

낼모레 할머니 만나면
아픈 팔다리 어떻게 좀 해달라고 해야지

그래, 맞아 29

구름 덮인 밤하늘에
둠벙만 한 구멍이 있어
그곳을 지나던 보름달이
막혔던 눈물 쏟아내듯
폭포수 되어 빛을 뿜어내더니
열 걸음 가기도 전에
칠흑으로 막혀 버렸다

어쩜 이런 게 삶일지도 몰라

그래, 맞아 30

달빛 서린 봉숭아
어둠 속에서 꽃잎 붉어지고
밤새 울어대는 풀벌레 소리와
다가오는 새벽이슬로
한낮 폭염에 움츠러든 대궁
기력을 찾아 더욱 붉어진다

다시 시작할 수 있다는 것은
밤하늘 달빛 아래 풍광처럼
그 얼마나 아름다운가

그래, 맞아 31

옛날 옛적에
예쁜 색시가 시집을 갔는데
첫날밤 보내고
신랑 아침상 봐서 문지방 넘다가
그만 뽕하고 방귀를 뀌었는데

하여 쫓겨나고 말았다는
이야기의 첫 토막이 끝나면
그다음 이야기 수백 번 들어 알고 있지만
그래서 어쨌는데 하고
할머니 이야기 맞장구쳤던

십 년의 세월이 흘러
신랑은 과거에 입신하여
그 고을 원님으로 부임하는 첫날
열 살 소년이 밤새도록
원님이 잠자는 방에 들리도록 외쳤으니
아침에 심으면 저녁에 따먹는 오이 씨 사려

아침에 심으면 저녁에 따먹는 오이 씨 사려

바야흐로 이야기는 제 삼 막으로 흘러
동틀 때까지 목쉬도록 외친 소년을
잡아들이라는 엄명이 떨어지고
네 이놈, 어찌 그런 거짓말로 백성들을 속이려 하느냐
소년이 말하길
방귀 안 뀌고 사는 사람이 심으면
그리된다고 답하니

고얀 놈 그런 사람이 어디 있느냐
그럼 사또께서는
첫날밤 지난 색시가
밥상 들고 문지방 넘다가 방귀 뀐 일
그리고 소박 맞힌 일을 기억하십니까
하고 물으니
아차 싶은 원님

네가 누구냐
제가 첫날밤 인연으로 태어난 아들입니다

그제서야 잘못을 뉘우친 원님은
첫날밤 부인을 다시 맞아
아들과 함께 오래오래 잘 살았다는
정말 정말 수백 번도 넘게
백 가지 이야기 중 하나로
귀 닳도록 잠들 때까지
듣고 또 들어도 질리지 않던
옛날이야기

섣달 스무하루 할머니 제삿날
떠올려 봅니다

할머니

그래, 맞아 32

충청도 내륙의 고을, 자포실
솔림산이 마을을 품고
아우내강이 들을 적시며 흐르는 곳
그곳에 터를 이루었으니

할아버지 삼 형제 중 막내로 태어나
혼인하며 분가하여
이 집터를 마련하였고

아버지가 초가집을 기와집으로 개축하여
지금 까지 내가 살고 있으니
삼대가 한 터를 지켜온 셈이다

내가 얼마나 지킬까마는
이제는 아들과 손자가
그 업을 이어가겠지

때로 부스러기처럼 보일지라도

지켜야 할 소중한 것은
잃지 않으려고 힘써야 한다

읍사무소 주택 가격 통지문엔
흙벽돌 삼천이백만 원으로 되어있지만
오십 억 넘는 강남 아파트
그런 가치 없는 것과 어찌 비교하랴

뜨락 섬돌에 걸터앉아
밤하늘 별과 달을 바라보며
불어오는 산들바람 맞으면
세상의 평온이 늘 함께하나니

그래, 맞아 33

고라니 고함 소리 잦아들고
겨울비 조근거리는 소리도 그쳤다

한밤중
잠 못 이루고
어둠의 고요함에 손 내밀어
멀어진 판단의 끝을 붙잡는다
익숙해진 습관처럼

방황한다는 건
살아있다는 것

언제라도
그러지 않은 날 있었던가
어떤 선택이든 결국 후회한다는 것을

오늘 혹은 내일 밤

기다리고 다시 기다리면
소쩍새 날 찾아올까

마무리는 언제일까
그냥 그렇게 망설이다가
고요한 어둠에 몸을 맡긴다

그래, 맞아 34

나른한 아침의 편안함
손 내밀면 잡힐 듯한 포말
지난밤 내내
머리맡 파도 소리 눌러 베고
비 내리는 밤바다 향기 맡으며
잠에서 깨어나니
수평선이 옆에 누워 있구나

바다를 안고 잔 거야

제3부

그래, 맞아 35

육십 넘은 사내가 눈물을 찔끔거린다

기력이 쇠한 아픈 몸뚱이 때문이 아니다

아무것도 한 것 없이 늙어간
지난 세월이 허망해서도 아니다

비바람에 쓰러진 벼 때문도 아니다

전쟁을 자초한 우크라이나의 잘못이라는
세칭 진보 학자의 주장 때문도 아니다
그렇다면 일제의 조선 침략은 조선이 자초한 것이며
매 맞는 아내는 맞을 짓 해서 그런 게냐

남한에 사회주의 혁명을 일으켜
북한과 통일해야 한다는 사람이

무슨 대단한 통일운동가로 변신되는 것 때문도 아니다

산짐승도 발 딛기 두려운
248km 휴전의 땅 때문도 아니다

더구나 가을비 맞아떨어지는
사랑이 그리워서도 아니다

그건
삼 년 전 처음 산 청바지가 낡아
새로 사야 하기 때문이다

그래, 맞아 36

이념을 미끼로 혹은 이념을 넘어
이유 없이 억울하게 죽임을 당한
4·3의 넋을 추모한다 그리고
그대여, 더도 말고 꼭 그만큼만
6·25 전쟁으로 목숨을 잃은
대한민국 국민과 군인을 추모해야 하지 않을까
난 그러고 싶다, 이제는

얼마 전까지 나는
4·3은 우리의 이야기이고
6·25는 나와 별 상관없는
어느 먼 나라의 것이라 여겼었다

붉은 동백꽃에 흘린 눈물과 기도만큼
그 항거의 외침만큼
한라에서 백두까지 피로 얼룩진

전쟁의 상흔을 기억해야 한다

지금도 한반도를 결박 지은 밧줄의 끈을
어떻게든 풀어내야 하지 않겠는가

그렇지 아니한가, 그대여

그래, 맞아 37

반전처럼 쉬운 메시지가 있을까
평화처럼 멋들어진 메시지가 있을까
통일처럼 명료한 메시지가 있을까

반일처럼 확고한 메시지가 있을까
반미처럼 뭔가 있어 보이는 메시지가 있을까
재벌 비판처럼 고결한 메시지가 있을까

갓 쓰고 도포 자락 휘날리며
에이투뿔 애국지사로 등극하는
감히 누구도 범접 못하게
이렇게 주장하는 건 얼마나 쉬운 일인가

그래, 맞아 38

미생尾生의 믿음에
옳고 그름이 어디 있으랴

교각을 붙잡고 죽는 것도
탈출하여 다른 곳에서 기다리는 것도
만남을 포기하고 떠나는 것도

모두 제 뜻이고 운명인 것을

그래, 맞아 39

2023년 2월 어느 날
네 사건이 방송에 보도되었으니

조선인민군 창건 75주년 열병식
김정은의 딸 11살의 김주애
지도자 반열에 오르고

전 청와대 정무수석 곽상도의 아들
대장동 화천대유 사업 6년 근무하고
50억 퇴직금 받은 것이 무죄 선고되고

문재인 아들 문준용
가난한 예술인에게 주는 국가지원금
아버지 정부에서 수천만 원씩 곳곳에서
지원받았다고 누군가 뭐라 했더니
이 또한 정당하다고 되레 핀잔주었다는

전날 징역 2년 선고받은 조국
한 마디 반성의 말 안 했듯
평점 1.13으로 장학금 받은 그의 딸
조민이 김어준 방송에 나와
그 많은 비리로 대학을 다닌 것에
일말의 참회도 없는데

국정농단 탄핵의 주역
징역 18년을 선고받은 최순실
그의 딸 정유라가 조민에게 덧대어
억울함을 토로하니

오늘 하루 동시에 보도된
우연의 상황극이 하도 신기하여
이렇게 글을 남긴다

(2023.2.9)

그래, 맞아 40

-2023년 광복절에

마세트* 없는 시절도 아닌데
내년을 생각해 피씨 줄여 보려고
모 끝에 눈 찔려가며 피사리하다가

폭염의 들판에 지쳐 누운 여름날
새털구름 나풀대는 하늘에 다가가니
뜬금없이 노래가 들려온다

백마고지에 묻혀 있던
칠십 년 전 형의 유골을 찾는
〈태극기 휘날리며〉

언제부터인가
태극기가 예뻐 보였다
돌아볼수록 자랑스럽지 아니한가

혐오와 굴욕의 화난 얼굴을 하고
반역의 깃발로 바라보는
그대들에게 들려주고 싶다

돛대산에서 먹구름 몰려와
늘 그렇듯 서럽게 서럽게
한줄금 소나기 내렸으면

*마세트 : 피씨 발아를 억제하는 제초제

그래, 맞아 41

독점 재벌이라고 삼성을 비난해도
자식이 삼성에 취직하길 바라고

제국주의라고 미국을 비난해도
자식은 미국으로 유학 보내고

죽창가 부르며 일본을 혐오해도
엔화 떨어지니 제일 많이 여행가더라

겉과 속 다른 게 어디 이뿐이랴

운동권에 있다가 국회의원 출마하면
조국과 민족을 위해 그런 것이고

고위 공직 퇴임하고 출마하면
국가와 지역에 봉사하기 위해서라고

더욱 가관인 건

사람들이 그걸 그러려니 한다는 것

그래, 맞아 42

독점 재벌 해체하고 민족 경제 이룩하자
라고 말하면
정의의 민족주의자, 민중민주의 전사, 진보적인 양심적 지식인

그렇게만 하면
금방 잘사는 세상 올 거라고
살맛 나는 사람 세상 올 거라고
그렇게 외쳤던 나 그리고 우리들

실제로 그렇게 했던 나라가 있었지
그래서 지금 어찌 되었는가

그대들, 아직도 그렇게 생각하는가
그런 생각을 버린 지 오래되었다면
진실로 역사 앞에 인식의 오류를 고백해야 한다

혹시 재벌의 곁가지 폐해를 지적하는
옹졸한 변명은 하지 않겠지

어찌해야 잘사는 게 되는지
시대의 흐름도 모르면서
지금도 성찰과 반성 없이
아직도 자신만 대단한 역사 공헌자로 착각하는
그대들, 가식의 허울에 갇혀
환부의 고름이 되진 말아야 하지 않겠는가

그래, 맞아 43

국경을 맞댄 두 나라가
백 가지 천 가지 이유로 전쟁한다

어느 지역을 다른 한쪽이 차지하면
그 땅과 인민을 해방시켰다고 한다

반대로, 빼앗긴 곳을 다시 탈환하면
또다시 그 땅과 백성을 해방시켰다고 한다

이래저래 민초들은
언제나 해방된 나라에서 살게 된다

그래, 맞아 44

말만 들어도 소름 끼치는
거창 양민 학살사건,
수백 명의 백성을 빨갱이 협력자로 몰아
6·25 전쟁 와중에 총살시킨
이 사건을 지휘한 대한민국 국군
제11사단 책임자의 무덤은
현재 북한의 혁명열사능에 있으니
이 무슨 해괴한 역사인가

그래, 맞아 45

광화문 광장에서
대통령을 비속어로 욕해도
괜찮은 나라

삼각지 로터리에서
미군 철수, 반미 자주화를 외쳐도
괜찮은 나라

청계광장에서
사회주의 혁명을 주장해도
괜찮은 나라

남산에 올라
내가 하느님이라고 해도
괜찮은 나라

국민소득 삼만 오천 불
전 세계 열 번째 잘 사는 나라
대한민국, 괜찮은 나라

그래, 맞아 46

인간이 생겨나면서
그 오랜 세월 동안
그 많은 지역에서
그 숱한 죽음으로
무기의 진화 거듭되면서
지금 우리는 여기에 있다

전쟁에 선악은 없다
옳고 그름도 없다
민족의 전쟁, 계급의 전쟁
다 거짓이다
권력을 탐하는 자들의 놀음이다

바이러스처럼 늘 함께 한
미래 또한 그러할
악귀 같은 사악함도 아니요

예찬할 무엇도 아닌
늘상 있어 온 것이기에
도덕군자의 교훈도 아니요
강가의 소나무를 노래하는
시인의 감성도 아니다
더구나 하느님의 재단으로 판단할 일은 더더욱 아니다

없었으면 좋겠다는
누구나 쉽게 말하는
얕은 심성의 바닥에서 벗어나야 한다

평화를 주창함은 그 얼마나 쉬운 일인가

그래, 맞아 47

고르바쵸프가 대통령인 소련의
마지막 해에 모스크바에 갔다
'레닌의 깃발'이라는 집단농장도 방문했는데
그곳으로 가는 버스 안에서 나는
〈스텐카라친〉 노래를 멋지게 불렀다

레닌그라드 항구에 정박해 있는
혁명의 함선에 올라
레닌의 얼굴이 새겨진 메달을
십 달러 주고 샀다

아직 공산당이 지배하고 있던 소련은
이듬해 붕괴되어 옐친의 러시아로 바뀌었다
레닌의 동상은 무너졌고
붉은 바탕에 별과 낫과 망치를 새긴 국기는
삼색의 제정러시아 깃발로 바뀌었다

공산주의 혁명은
일백 년 역사의 실험으로 끝을 맺었다

민주주의 가치 판단에
더 이상 혼란스러울 이유가 없다

그럼에도 1968년의 통일혁명당이 2023년 지금까지
진보의 핵심으로 자리 잡은 한국을
어떻게 이해해야 할까

그래, 맞아 48

해당화 피고 지는 섬마을에
총각 선생님으로 부임하여
꽃과 나무를 가르치며
바다를 품으려는 꿈이 있었지

그때는 뱃길로 일곱 시간 걸렸거든
쉽게 돌아오기 어려운 먼 곳
모두가 가기 싫어했던 곳, 백령도
그곳으로 가고 싶었는데

반정부시위 경력이 있다고
원예 정교사 자격증이 버젓이 있는데도
발령을 내주지 않았었다, 쪼잔한 것들
뭐 대단한 것도 아닌데
참, 내, 원

그래, 맞아 49

북·중·러를 비판하면 안 된다
그들이 인류의 보편적 가치를 훼손해도
언급하지 않아야 진보가 된다

네가 생각해도 존나 웃기지

그래, 맞아 50

왜 진보는 반성하지 않는 것일까
이제 더 이상 진보가 아니다
무늬만 진보인 척, 허울을 쓴 사람들

편법으로 내 자식 챙기고
온갖 비리로 한 몫 거머쥐고
여론조작으로 선거를 왜곡되게 했어도
뇌물을 받았어도
성추행이 드러나도
언행이 음모와 거짓임이 드러났어도
하나 같이 잘못을 인정하지 않는다
자신이 세상을 조롱할 수 있다고
그렇게 생각하는지도 모르겠다

진보의 탈을 쓰면
뭔가 있어 보이고 우월해 보이는가
역사 발전에 공헌하는 것처럼 보이는가

고요한 호수 바닥에서
몸집을 키운 괴물이 자꾸만 부풀어
수면을 뚫고 올라와
그 모습이 보여지기 시작한 건

내가 조오국이라며 서초동에 모여
두 손 치켜들었던 그때부터이다
이것의 반성 없이
민주주의는 한 발짝도 나아갈 수 없다

가짜 진보가 위세를 떨치니
그게 진보의 본 모습이 되어버렸다

그래, 맞아 51

왜 그랬을까

죽음이 영웅으로 미화될 수 없다
진영에 따른 다른 해석으로
규명의 칼날을 비켜 갈 수도 없다
눈물로 글씨를 지울 수도 없다
역사는 기록되어야 한다

아, 노무현
죽음으로 사실을 감추려했다면
비겁하다
죽음으로 감당할 수밖에 없는
부끄러움 때문이라면 용서할 수 있다

그렇다고 사실이 사라지진 않는다
다만 기억하고 싶지 않을 뿐

제4부

그래, 맞아 52

그해 겨울
대설이 지났는데
난닝구 바람으로 들일 할 정도로
날이 푹했었지
이변의 조짐은 날씨만이 아니었어

일하다 말고 핏발 선 눈으로
삽을 땅에 내리꽂았지
댕겅 삽자루는 두 동강 났고

멸시하고 욕보인 자들에게
세상과 함께 되갚아주는 길은
남부끄럽지 않게 떳떳이 잘 사는 것
그리고 저들의 끝을 보는 것

풀죽은 눈으로 고개를 들었지

강물에 그림자를 남기고
줄 맞춰 나는 기러기의 울음
그림자도 울음도 금새 사라지고
구름 흐르는 바람의 숨결에
힘겨운 대답을 토해냈지

분노란 자신을 원망하는 것

그래, 맞아 53

한 잔에 사천 원이 넘는 커피를
누구나 수시로 마실 수 있는 나라

허드렛일 하루 일하면
일 년 치 먹을 쌀값을 버는 나라

비행기 타고 해외여행
누구나 마음대로 갈 수 있는 나라

살찔까 봐 쌀밥 반 공기도 많다고
서너 숟가락만 먹는 나라

등산 낚시 골프는 기본이 되었고
노래 미술 휘트니스 요가 라인댄스
동사무소 가면 거저 배울 수 있고

작가가 몇 만 명 되는 나라
나름 잘 산다고 보여지는 나라
대한민국

그래, 맞아 54

불끈 주먹을 움켜쥔다
우리는 가슴 한켠 늘
회한과 아쉬움을 품고 있다
광활한 땅과 늠름한 기상이
느껴지는 건 나만이 아닐 터

당나라는 통일을 도와준 은인인가
아니면 고구려와 백제를 멸망시키고
백성을 노예로 잡아간 원수인가
또 663년 백강전투는 어찌 봐야 하는가
이 모든 것, 이도 저도 아니고
그냥 역사의 한 자락인가

살아온 지난 일들이
틈 없이 켜켜이 쌓여 토성을 만들 듯

내 안의 가쁜 숨이요
달려가는 길 걸음
먼 산 위의 푯대이다

비바람 견뎌낸 벼 이삭에도
뒷산을 맴도는 배고픈 참매의 날개에도
핏줄을 따라 솟구치는 기억이 있다
천 년이 저 강물에 잠겨 있다

아, 고구려

그래, 맞아 55

-추곡수매 변천사

내가 서른 살 때는
가마니에 벼를 육십 킬로 담아
산내끼로 단단히 묶어
막대저울로 추를 달아
금을 맞춰 수매했었지

그땐 참으로
쌀이 대접받는 시절이었지

그러다가 피피 포대에 오십사 킬로
용수철 저울로 담아
마구리를 비닐 끈으로 꿰매 수매했었지

얼마 안 되어 쟈크 달린 피피 포대가 나왔고
전자저울로 사십 킬로를 담아 수매했는데

지금은 팔백 킬로 톤백으로 수매 한다

변화는 언제나 생각보다 앞서 다가왔다

강가 모래 속 몽돌이 되어
물살 흐르는 곳으로 밀려다니다가
반복되는 동지 하지 지내며
올해도 어김없이 수매를 한다

천덕꾸러기 푸대에 나를 담아서

그래, 맞아 56

시에는 인성이 없다
품성이 드러나지 않는다
싸가지 함량 표기가 없다
시에는 늘상 흑심이 감춰져 있다
결국 시는 거짓으로 자신을 미화한다
사물을 맘대로 비틀어 시를 만든다
생각의 미끼로 거짓을 낚는다
그걸 우린 진실이라 한다

그래, 맞아 57
-캐모마일

무슨 허브차가 대단히 맛있다고 하기에
그 맛이 어떠한지
나도 인생의 수준을 높여보고자
고개 뒤로 젖히며 주문했더니

아궁이에 불 지피며 소 여물 쑬 때
작두로 썬 짚에 쌀겨와 콩깍지 넣고 끓이면서
가마솥에서 뒤집을 때 나는
그 냄새와 어쩜 그리 똑같은지

고개 뒤로 젖혀보았자
태생이 그런 걸 어찌 바꾸랴

그래, 맞아 58

-가을 밤하늘

자정이 한참 지났겠지요
저 넓은 하늘에 별 하나만 보입니다
풀벌레 소리도 들리지 않아요

섬돌에 앉아 한참을 바라보다
아픈 고개를 숙여 발밑에 한숨을 쏟고
여전히 그 자리 잘있겠지
다시 바라보니 그마저 사라졌어요

저물녘, 웃말 논 뜰*을 치며
얼굴 스치는 벼 이삭이 싫지 않았는데
여전히 왼편 다리가 저려와
논둑에 널프런히 주저앉았지요

바라볼 하늘이 얼마나 될지 모르나
어둑하게 살다 간 별 하나
고개 들어 바라본 잠깐인 것을

*똘 : 논에 물을 빼기 위한 작은 도랑

그래, 맞아 59
-모내기

연두색 가냘픈 여린 빛깔
훅 불면 눈발 되어 날릴 듯한
움트는 새싹의 꼼지락이
두어 장날 한눈판 사이
뒤돌아서 추억으로 웃고 나니
포로소롬 가지런하다

이제 달포 지나
아카시아 꽃향기 강물에 흩어져
산란 끝낸 잉어가 울기 시작하면
반년 넘어 기다렸던
오랜 안식의 넘쳐나는 힘으로
빈 들판이 채워지겠구나

그래, 맞아 60

들고양이의 영역 싸움에
인간이 관심 없듯
인간들의 싸움에 신은 관심 없다
저들끼리 피 터지게 싸워 이긴 자에게
신은 제 모습을 드러낸다

그래, 맞아 61

땅은
사는 것보다 파는 게 힘들고

사람은
만나는 것보다 헤어지기가 더 힘들다

재물은
모으는 것보다 나누는 게 더 어렵고

자식은
낳기보다 기르기가 더 어렵다

나무나 꽃은
심기는 쉬우나 가꾸기가 어렵고

정치는

하고 싶다고 누구나 할 수 있는 게 아니고

사랑은
인연과 노력 없인 이룰 수 없고

시는
속인 나를 위로하는 것이고

세상은
살기보다 어찌 죽을 지가 더 걱정이다

이 말들은
어디서 누구에게 엿들은 말이 아니라
내 나이 육십 넘도록
하나하나 겪어본 일이다

그래, 맞아 62
-가을로 가는 길

고개 숙인 벼 낟알과
들깨 송아리에
백일 전 생각이 그대로 맺혀 있다

찾아올 손님 맞으려
여름내 염천에 찌든 몸을 데워
묵은 폐물을 땀으로 씻어낸다

산 아래 마을로 내리는
밤의 청량한 기운을 호흡하며
구름 되어 밤하늘 한껏 날다가

새벽을 깨우는 새소리와
가을을 실어 오는 바람의 인기척에
새삼 계절의 순환을 탄복한다

토란잎보다 보드라운 살갗
다듬이방망이로 토닥토닥 곱게 펴
꿈의 한켠에 쌓아두고

더 이상 소원이 없는 적멸보궁 석탑에
입김으로 징표를 남기고
따뜻한 햇살 안으며 들판으로 향한다

가을걷이 이제 시작하련다

그래, 맞아 63

저 소리는 온갖 탐욕을 털어내는
아름다움을 가르치는 노래다

어제와 오늘
같은 소리 같은 밤이건만
저 달도 그렇고 별빛도 바람도
그리고 혀에 닿는 곡식도 다르다

가을밤, 문풍지 울리며 다가오는
간절한 기다림의 노래,
앞날의 기쁨을 기원하는
사랑의 노래

빈 독을 울리는 공명처럼
깊은 골짜기의 메아리처럼
꿈 사라진 빈 몸의 울림으로 다가온다

한 방울의 이슬로 목마름 달래듯
낙엽 수북한 덤불 숲길에서 길을 찾듯
이젠 촌부의 낮은 소망으로 채울 수 있을 것 같아

애써 외면했던
돌아보지 않았던
다시 찾아야 할
축복의 노래 들려온다

떨리는 가슴
후련하고 설레지 않는가

그래, 맞아 64

스쳐 가는 허름한 간이역

언제인지 모르게 훌쩍 지나왔다

젊음,

그 소중함을 눈 흘겨 지나쳤다

너희도 지금 그럴 것이다

그래, 맞아 65

오창농협에서
2022년 추곡수매 정산표가 왔다
유기농 추청, 수분 15.9%, 제현율 82.9%
50마지기 528.4가마
그러니 한 마지기에 420키로 생산
올 같은 흉년치고는 선방한 거지
이 정도 유기농 농사 잘한 놈 있으면
나와 보라고 해,
만약 단백질 함량까지 계산한다면
모르긴 몰라도 전국에서 내 벼가 단연 으뜸일 텐데

그런데 수매대금은 말 안 할래유
눈 내려 평온한 들판이 성질낼까 봐

그래, 맞아 66
-겨울 보리밭에서

추사의 세한도가 송백을 일컬었다면
보리의 푸르름 또한 못지 않으니

눈밭 속에서 푸른 기운을 잃지 않고
망종의 누런 이삭을 꿈꾸는
저 새싹의 숨소리 듣고 있으면
너의 절망과 한탄은 하늬바람에
쉬 흩어져 날아갈 것이다
부끄러워 얼굴을 붉힐 것이다

언 땅 눈 속을 헤치고 솟아오른
새싹 끝에서 뿜어져나오는
세상을 떠받치는 기운을 바라보는 것 만으로도
너의 눈동자는 원기를 찾을 것이다

추운 겨울이 되어서야 알 수 있는
너의 사랑도 눈밭에서 자랄 것이다

그래, 맞아 67
–종심從心

풀잎에 머금은 새벽이슬
동트기 전 잠 깨우는 새소리
밤하늘 별들의 합창과
달빛의 유혹
줄지어 나는 기러기의 울음

그 모두가
내 모습이고 싶어라

옥잠화 날아드는 노란 나비의 춤
들꽃의 미소
손 내밀면 닿을듯한 새털구름
돌 틈 사이 흐르는 물소리
흩어져 날리는 낙엽의 향기

그 모두가
내 모습이고 싶어라

바위 절벽에 뿌리 내린 소나무

몸도 마음도 하나 이고 싶은 연리지
공현진의 일출과 아우내강의 노을
들판의 거친 숨소리
저절로 쉽게 시 쓰여진 밤의 고독

그 모두가
내 모습이고 싶어라

■해설

자연의 섭리 빌어 삶의 철리를 밝히다

박 몽 구
(시인·문학평론가)

최근 들어 우리 시에 가장 부족한 덕목의 하나는 흙의 정신이라고 해도 좋을 것이다. 갈수록 도시 집중화가 심해져 가고 농촌 거주 인구가 줄어들어 가면서 흙과 자연을 소재로 시를 쓰는 시인들도 크게 줄어들고 있다. 신경림은 급격한 산업화와 이농 현상에 직면한 농촌 공동체가 와해되어 가는 모습을 시집 『농무農舞』를 통해 가슴 뭉클하게 보여준 바 있다. 그의 시 속에 살아있는 농촌 공동체, 나아가 우리 민족 고유의 살림살이 재현은 우리가 추구해야 할 인간적인 삶의 모습이 무엇인지를 감명 깊게 보여주었다. 그 이래 여러 시인이 때로는 무너져 가는 농촌의 모습을 가슴 아프게 그리기도 하고, 때로는 두레 풍습이나 민속놀이 등을 소재로 한 농민시를 보여주기도 했다. 하지만 오늘날 고향의 흙과 자연을 소재로 시를 쓰던 시인들마저 대부분 도시로 이주하는 등 순수한 의미의 농민시는 실종되었다 해도 과언이 아니다.

농민시가 이토록 위축되어 있는 가운데서도 '아니다'라고 분명하게 말하는 시인이 있다. 단순히 발언의 차원을 넘어 고향인 농촌을 삶의 토대로 삼아 살아가는 데서 벗어나 꽃과 나무 등 살아 있는 자연을 시의 주소재로 삼아 활발하게 시를 써나가는 시인, 그가 바로 신언관 시인이다. 그는 충북 오창읍 성재리가 고향으로 이곳에서만 수백 년째 농심을 이어가고 있는 농민이다. 어렸을 때부터 집안은 물론 주위에서도 촉망받는 인재였던 그는 일찍이 서울로 유학을 떠나 양정중고를 나왔고, 서울대 농과대학에 진학하는 등 큰 기대를 모았다. 하지만 그는 도시에서 펜대를 굴리며 사는 삶을 마다하고 고향으로 돌아왔다. 누대로 벼농사를 짓던 땅을 물려받아 우렁이 농법에 바탕한 유기농업을 실천하고, 농민들이 흘린 땀의 대가를 제대로 받아야 한다는 생각으로 가톨릭농민회 활동에 선도적으로 참여하였다. 대학을 나온 것을 기화로 도시에 삶의 둥지를 트는 대신, 제3공화국 시절 반독재 투쟁에 몸담으면서 익힌 민주 정신을 바탕으로 고향 사람들이 함께 잘 살도록 이끌어 왔다. 또한 무엇보다 농약을 치지 않는 유기농업 실천을 통해 자연을 살리고, 나아가 도시민들도 함께 건강하게 사는 길을 줄기차게 모색해 왔다.

신언관은 그 같은 흙의 정신을 몸소 체득한 가운데 살아

있는 농촌을 지키며 줄기차게 시작에 정진해 왔다. 농촌을 배경으로 시를 써오던 많은 시인들이 고향을 등지거나, 또는 지쳐서 농촌시, 농민시를 포기하다시피 하고 있는 가운데 그는 『낟알의 꿈』, 『엇배기 농사꾼의 늙은 꿈』 등 흙을 경전으로 한 시집들을 연이어 내놓아 시단 내외의 관심을 모았다. 그는 그동안 충청도의 자연과 농심을 소재로 한 시를 쓰면서, 날로 입지가 좁아져 가고 젊은이들이 속속 떠나가는 농촌 현실에 가슴 아파해 왔다. 가령 '젊은이들이 찡그리며 등 돌린 곳 / 꿈을 찾기엔 황량한 곳 / 별 의미 없이 늙어가는 곳 / 늘 탈출을 생각하게 하는 곳'(「엇배기 농사꾼의 늙은 꿈」)이라고 노래하고 있는 것은 이를 잘 말해준다.

하지만 이번에 내는 그의 여섯 번째 시집 『그래, 맞아』에서는 이 같은 자조적이고 절망적인 분위기가 싹 바뀐 것을 살펴볼 수 있다. 농촌만큼 자연과 식생이 살아 있는 곳은 없다는 사유로의 회귀와 함께 농촌이 잘 살아야 날로 팽창되어 가는 도시도 안심할 수 있는 먹거리를 얻을 수 있고 또한 인간다운 삶을 누릴 수 있다고 한다. 그런 시인의 생각들이 뿌리 깊게 배어 있는 시들이 이번 『그래, 맞아』에서 다수 선보인다. '그래, 맞아'라는 시집 제목에서도 달관의 경지가 엿보이지만 이번 시집은 고향의 흙과 함께 살아가면서 시인이 체득한 자연 사랑의 정신, 함께 살아가기의 정신이 고스란히 담긴 시집이다. 그는 이번 시집에 제호와 같은 연작시 67편을 선보이고 있다.

함께하는 미물들을 통해 사람살이의 길을 제시하다

이른 아침
남쪽 하늘에 반달이 뜨는
삼월이 오면
나의 뜰에 수선화 새싹 내밀고
산수유 미선나무꽃 터오르는데

동트기 전부터
마을 고샅 헤집는 경운기 소리에
더럭 겁부터 나서
어떻게 한 해를 견뎌내야 하는지
눈 앞이 먹먹해지는데

명줄보다 질긴 게 사람의 서사라서
어딘가 돌 틈에서 싹트길 기다리는
낟알의 생명처럼 그렇게
나의 기다림을 찾아
두 팔 치켜들고 들로 나간다

-「그래 맞아 4」 전문

위의 시에서 화자는 '삼월이 오면/ 나의 뜰에 수선화 새싹 내밀고/ 산수유 미선나무꽃 터오르는' 데서 삶의 조건이 달라지는 걸 느낀다고 말한다. 겨우내 죽은 듯 움츠러들어 있던 수선화, 산수유, 미선나무가 싹이 움트는 걸 보면서 새롭게 살아봐야겠다는 생각을 품게 되었다는 고백이다. 이어지는 연에서 화자는 '동트기 전부터/ 마을 고샅 헤집는 경운기 소리에/ 더럭 겁부터' 난다고 일갈한다. 고요한 '마을 고샅'과 고요를 깨뜨리는 '경운기 소리'를 이항 대립二項對立으로 배치함으로써 빠르게 실적을 올리고 편해지기 위한 문명의 기기가 우리네 삶의 가치를 근본적으로 깎아내린다는 인식을 담지한다. 나아가 결구에 '어딘가 돌 틈에서 싹트길 기다리는/ 낟알의 생명처럼'이라는 구절을 배치함으로써 느긋하게 제 힘으로 언 땅을 뚫고 솟아오르는 낟알이야말로 우리가 지향해야 할 생명의 정신임을 환기한다. 즉 자연의 순리를 따름으로써만 우리네 생명은 '명줄보다 질'기게 이어갈 수 있다는 사유를 펼치고 있는 셈이다.

눈 많이 내린 어젯밤
부엉이가 울다 갔었지
익숙한 어둠에 잠이 들었고
몇 번은 와본 듯한 곳에 가게 되었지

맑고 푸른 바닷가
툇마루에서 낚싯대 드리우고
해거름에 통발 두 개 던져놓고
전복라면과 양갱으로 허기를 면하고
쉽게 시 한 편 쓰고
파도 소리에 잠 깨어 바라보니

등대 건너편 갈매기떼 날아와
훠어이 소리쳐 쫓아내는
열다섯 평 따뜻한 함석집
등대 옆 집…

꿈이었지

-「그래 맞아 5」 전문

위의 시에서도 시인은 있는 그대로의 식생과 그와 함께 어울리는 삶이야말로 우리가 지향해야 할 참다운 삶이라는 사유를 펼치고 있다. 화자는 '눈 많이 내린 어젯밤/ 부엉이가 울다 갔었지/ 익숙한 어둠에 잠이 들었고/ 몇 번은 와본 듯한 곳에 가게 되었지'라고 언술함으로써 편리하고 눈부신 문명 이전의 고향이야말로 우리가 스스럼이 없이 평정과 행복을 누릴 수 있는 공간이라는 점을 환기한다. '부엉이', '익숙한 어둠', '와본 듯한 곳' 등의 상징어는 조금은 외지고 불편한 것들이야말로 우리를 따스하고 친숙하게 감싸는 삶의 동반자라고 말해주고 있다. 시인의 사유 속에서는 '맑고 푸른 바닷가', '툇마루', '해거름', '전복라면과 양갱', '등대 건너편 갈매기떼', '따뜻한 함석집' 등의 기표가 뫼비우스의 띠처럼 연달아 비껴 나간다. 그 어느 것이나 시인이 꿈꾸던 것들이지만 지금은 손을 뻗어도 닿지 않는 것들이다. 하나같이 밝은 도시의 불빛과 편리한 문명의 기기들에 떠밀려 사라진 것들이지만, 한편으로 우리가 욕망을 버리면 언제든지 쉽게 다가갈 수 있는 것들이다. 이를 통해 시인은 고향 마을 구석구석이 편리하게 바뀌어가는 문명에 익숙해지는 것을 멀리하고, 낡고 불편한 것들에게 따스한 관심을 갖고 사랑을 불어넣을 때 사람살이에는 한결 활기찬 생명 현상이 펼쳐질 것이라고 말하고 있다.

그침 없는 저 파도처럼
함께 주어진 길을 가리라

이윽고 여명의 설레임으로 빛이 다가오고
그대를 맞이한다
붉은 정염의 뜨거움으로 솟아오른
그대를 내 안에 가둔다

바위를 찾는 파도의 간절함으로
고개 숙인 맹세도 그러하길 기도하며
오랫동안 버리지 못한 부끄러움을
갈매기 날개 위로 씻어 보낸다

-「그래 맞아 7」 부분

홍수의 물살 타고
금강 저끝에서 올라온 참게
횃불든 여름밤의 청년들은
물살 튀기는 발걸음 숨죽이며
가마니에 주워담기 바쁘다

햇빛 따가운 한낮에
치마 둘둘 말아 허리에 동여매고
얼기미 들고 강 가 모래 훑으면
말조개 재첩조개 한 웅큼씩 쏟아지던

어릴 적 그 강둑에 서 있다
피부병 생길까봐 발목 담그기도 꺼려지는
나의 강, 우리의 강
발가벗고 자맥질하던 그 강 아니던가

-「그래 맞아 15」 부분

같은 사유의 연장선에 놓여 있는 두 편의 작품을 골라 보았다. 앞에 든 작품은 무리한 욕망이 과잉된 생산 의욕에 불타기보다 있는 그대로의 자연과 함께 살아가는 일이야말로 사람살이의 참다운 목표라는 인식에 바탕해 있다. 즉, 화자는 '그침 없는 저 파도처럼/ 함께 주어진 길을 가리라'라고 언술함으로써 넘치는 일 없이 밀려온 만큼 밀려가기를 되풀이하는 파도와 같이 분수를 지키며 살아갈 것을 다짐하고 있다. 이어지는 대목에서 화자는 '이윽고 여명의 설레임으로 빛이 다가오고/ 그대를 맞이한다'라고 말한다. 자연과 함께 살아가면서 늘 새롭게 다가오는 '여명의 설레임'을 '그대'로 제유된 이웃과 함께 일이라는 점을 환기한다. 과잉보다는 생명 현상을 경외하면서 이웃들과 함께 새로운 내일을 맞이하는 일이야말로 우리가 지향해야 할 자세라고 일러주고 있다.

뒤에 든 시에서는 과일보다 자연이 나눠주는 것들을 고맙게 받는 것이야말로 조촐한 행복의 원점이라는 사유를 펼치고 있다. 화자는 '홍수의 물살 타고/ 금강 저 끝에서 올라온 참게/ 횃불 든 여름밤의 청년들은/ 물살 튀기는 발걸음 숨죽이며/ 가마니에 주워담기 바쁘다'는 알레고리를 제시하고 있다. 화자는 대자연의 한 지체인 '금강'이 여름마다 내어주는 참게를 어둠을 이기며 나누는 삶의 기쁨을 전하고 있다. 자연이 내주는 것들을 '발걸음 숨죽이며/ 주워 담기 바'쁜 삶은 곧 자연에 순응하는 삶이다. 그렇게 '치마 둘둘 말아 허리에 동여매고/ 얼기미 들고 강가 모래 훑으면/ 말조개 재첩조개 한 움큼씩' 내주는 자연이지만, 인간이 과잉과 파괴의 욕망에게 질 때 벌어지는 참극을 화자는 슬쩍 보여준다. 즉 오늘날 과잉한 농약 살포, 폐수 방류로 시달리는 강둑에 서면 '피부병 생길까봐 발목 담그기도 꺼려지는/ 나의 강, 우리의 강/ 발가벗고 자맥질하던 그 강 아니던가'라고 묻고 있다. '피부병'으로 제유된 각종 수인성 질병은 다름 아닌 인간의 과잉 생산과 반문명적 파괴가 초래한 재앙이라는 것을 암시하고 있다. 시인은 이를 통해 고향을 지키는 것 못지않게 과잉 생산 지나친 이익 추구를 멀리하고 자연과 함께 순리적으로 살아가는 것만이 사람다운 세상을 지켜가는 길이라는 점을 힘주어 말한다.

위에서 살펴보았듯이 신언관 시의 큰 주제는 과열된 경쟁과 출구를 모른 채 분출하는 욕망을 넘어 이웃들과 함께 어울리며 살아가는 것이다. 그는 그것을 거창한 슬로건을 내걸거나 경제적 풍요 여부를 따지는 통계 수치를 들이대기보다 제자리에서 자족하며 살아가는 자연과 식생의 모습을 제시하는 것으로 대신한다. 즉, '맑고 푸른 바닷가', '바위를 찾는 파도', '툇마루', '열다섯 평 따뜻한 함석집', '금강 저끝에서 올라온 참게' 등 사물과 동식물로 환유하고 있다. 그의 마음을 따스하고 감싸는 사물과 동식물은 꾸밈이 없이 지극히 낮은 자리를 스스럼없이 지키는 것들이다. 이들은 비록 인간의 얼굴을 한 것은 아니지만 인간과 마찬가지로 열심히 일하면서 세상을 아름답게 가꿔가고 내일의 밝은 여명을 기다리는 존재들이다.

프랑스 출신 철학자이자 사회 분석가인 질 들뢰즈는 일하는 사람과 동물, 도구로 사용되는 사물까지를 아울러 '욕망하는 기계'라고 정의한다. 그는 욕망하는 기계들을 하나의 유기체로 보고, 동물이나 식물, 심지어 사물이라 할지라도 욕망을 통해서 생산이 이루어진다고 보고 있다. 이들은 모두 모종의 사회적 생산을 위해 노동력을 제공하는 존재들이며 개별적인 의지는 박탈당한 채 오직 좋은 실적만을 위해 기꺼이 혹사하도록 구조화되어 있을 뿐이다. 나아가 그는 '기관 없는 신체'라는 개념을 도입하여 이들 생산에 동원되는 것들이 자유 의지를 박탈당한 채 오직 수단으로써만 충당되는 구조에 편입되어 있음을 명백하게 지적한다. 들뢰즈에게 있어 개별적 의지와 상관없이 생산에 동원되는 동물과 식물,

사물은 사회적 약자의 환유이다. 일하는 존재, 사회적 약자들은 생산의 수단이라는 압박에서 벗어나 사회적 강자, 권력자와 동등한 대접을 받아야 한다고 주장한다.

신언관이 고향의 산천에 뿌리내리고 살아가는 식생에게서 참다운 삶의 도리를 읽어내는 것은 부와 권력이 소수에게만 집중되지 않고 골고루 나눠져야 한다는 질 들뢰즈의 평등관과 사유의 틀을 같이하고 있다. 즉 들뢰즈가 세계를 움직이는 힘은 뒤에서 돈과 권력으로 군림하는 자가 아니라 아픔과 상처를 마다하지 않으며 일하는 사람들에게서 나온다고 보는 시각과 일치한다.

> 그래, 보리밭엔 까마귀 날아야
> 그것이 걸맞은 풍경으로 다가오듯
> 가슴엔 그리움이 있어야
> 그것이 사람의 제 모습 아니겠는가
>
> 오래전 맞춰진 인연일지도 몰라
> 비워진 들판 푸르른 이곳으로
> 비상의 날개 바람 타고
> 때맞춰 첫눈이 쏟아지네요

-「그래, 맞아 16」 부분

위의 시에서 화자는 겨울 '보리밭(에) 까마귀 날아' 오르는 정경을 '가슴(에) 그리움' 맺히는 '사람의 모습'을 병치시키고 있다. 추운 겨울 들판에서 파릇파릇한 보리싹을 찾는 까마귀의 모습에서 첫눈 내리는 날을 손꼽아 기다리는 인간의 동병상련의 정서를 읽어내고 있는 것이다. 비록 가난하게 살지라도 까마귀 '비상의 날개바람 타고/ 때맞춰 첫눈이 쏟아지'는 정경을 만나는 사람의 마음은 얼마나 부자이겠는가. 미물인 까마귀의 식생을 통해 물질과 반비례하는 메시지를 배치함으로써, 모름지기 눈에 보이지 않는 것에 주목해야 하며 겉만이 아닌 사물과 자연의 깊은 속내를 투시하는 안목을 지녀야 한다고 독자들에게 시인은 귀띔하고 있다.

자연의 질서를 바꿔 놓는 욕망

시인을 둘러싼 사물과 식생은 인간다운 삶의 조건을 조성하는 것은 그렇게 어려운 일이 아니라고 조언을 아끼지 않는다. 하지만 그같이 작은 일이 우리네 일상사에서는 좀처럼 이루어지지 않는다. 신언관은 이번 시집을 통해 그 같은 삶의 되풀이와 반목에서 벗어나기 위해서는 무엇보다 공존과 양보의 정신이라고 말하고 있다. 그 자신 꽃 같은 청춘을 제3공화국 치하 반독재 투쟁, 5·18 광주민중항쟁을 군홧발로 짓밟으며 집권한 전두환 군부독재 반대 투쟁, 농민이 사람 대접 받는 세상을 위한 투쟁 등으로 아낌없이 바친 사람이다. 그런데도 이번 시집에서는 일련의 시들을 통해 우리 사회가 따스한 공동체 정신을 회복하기 위해서는 반목을 넘어 서로 양보하면서 함께 살아가는 정신으로 탈바꿈해야 한다고 귀띔한다.

이념을 미끼로 혹은 이념을 넘어
이유 없이 억울하게 죽임을 당한
4·3의 넋을 추모한다 그리고
그대여, 더도 말고 꼭 그만큼만
6·25 전쟁으로 목숨을 잃은
대한민국 국민과 군인을 추모해야 하지 않을까
난 그러고 싶다, 이제는

얼마 전까지 나는
4·3은 우리의 이야기이고
6·25는 나와 별 상관없는
어느 먼 나라의 것이라 여겼었다

붉은 동백꽃에 흘린 눈물과 기도만큼
그 항거의 외침만큼
한라에서 백두까지 피로 얼룩진
전쟁의 상흔을 기억해야 한다

지금도 한반도를 결박 지은 밧줄의 끈을
어떻게든 풀어내야 하지 않겠는가
그렇지 아니한가, 그대여

-「그래, 맞아 36」 전문

시인은 위의 시에서 자신의 청춘을 불사른 민주화 투쟁 과정에서 자칫 한쪽에만 치우쳐 있지 않았나 반성하면서, 공동체라는 입장에서 함께 아파해야 하고 상처를 치유해야 한다는 입장을 밝히고 있다. 즉 '이유 없이 억울하게 죽임을 당한/ 4·3의 넋을 추모한다 그리고/ 그대여, 더도 말고 꼭 그만큼만/ 6·25전쟁으로 목숨을 잃은/ 대한민국 국민과 군인을 추모해야 하지 않을까'라고 언술하고 있다. 이는 4·3 제주 항쟁의 희생자들과 6·25 전쟁으로 목숨을 잃은 동포들을 한자리에 놓고 보아야 한다는 새로운 논리이다. 이는 해방공간에서 6·25 전쟁에 이르는 비극이 우리 민족의 이해 관계가 아닌 냉전체제 하 대리전쟁의 결과라는 입장의 진전과 밀접한 관계를 갖고 있다. 시인은 이제 자신의 입장만을 내세우는 진영 논리에서 벗어나 민족이 겪은 아픔에 함께 공감하고 다같이 밝은 미래를 위한 치유의 공간을 만들어가야 한다고 말하고 있는 셈이다.

폭염의 들판에 지쳐 누운 여름날
새털구름 나풀대는 하늘에 다가가니
뜬금없이 노래가 들려온다

백마고지에 묻혀 있던
칠십 년 전 형의 유골을 찾는
〈태극기 휘날리며〉

언제부터인가
태극기가 예뻐 보였다
돌아볼수록 자랑스럽지 아니한가

혐오와 굴욕의 화난 얼굴을 하고
반역의 깃발로 바라보는
그대들에게 들려주고 싶다

-「그래, 맞아 40 -2023년 광복절에」 부분

이제껏 시인이 우리 현대사를 바라보는 눈을 새롭게 한 시편이다. 시인은 광복절에 논에서 피사리를 하다가 어디서 난데없이 들려오는 '백마고지에 묻혀 있던/ 칠십 년 전 형의 유골을 찾는/ 〈태극기 휘날리며〉'라는 노래를 듣는다. 아마도 백마고지에서 이념 때문에 피아로 나뉘어 싸우다 어린 동생이 전사한 백마고지 비극을 소재로 한 유행가인 모양이다. 시인은 이념에 치우친 한쪽에서는 아마도 태극기를 달리 볼 수도 있겠지만, 그나마 오늘의 우리가 있기까지는 백마고지를 지키다 산화한 이들의 희생이 있었기 때문이라는 생각에 눈시울이 뜨거워졌던 모양이다. 이어지는 대목에서 '언제부터인가/ 태극기가 예뻐 보였다/ 돌아볼수록 자랑스럽지 아니한가'라고 말하고 있는데, 이는 그나마 대리전쟁의 그늘에서 온몸을 바쳐 싸운 이들이 있었기에 오늘의 우리가 있다는 시각으로 읽힌다. 화자는 '혐오와 굴욕의 화난 얼굴'이라는 시어를 배치함으로써 오늘의 질곡을 넘어서 밝은 내일로 가기 위해서는 관용과 포용의 정신이 필요하다는 아이러니를 환기한다.

또 다른 시편에서는 '독점 재벌이라고 삼성을 비난해도/ 자식이 삼성에 취직하길 바라고// 제국주의라고 미국을 비난해도/ 자식은 미국으로 유학 보내고// 죽창가 부르며 일본을 혐오해도/ 엔화 떨어지니 제일 많이 여행가더라// 겉과 속 다른 게 어디 이뿐이랴'(「그래, 맞아 41」)라고 일갈하면서, 겉모습만 중산층일 뿐 속은 속물 근성으로 가득 찬 몰염치를 지적하고 있다. 결국 참다운 공동체 정신 회복과 개인의 아집을 넘어 이웃과 공동체를 먼저 생각하는 정신이 우선해야 한다고 넌지시 말하고 있는 셈이다.

자연으로 돌아가 공동체 정신의 회복을

신언관은 우리 사회의 공동체 정신을 회복해야 하며, 그러기 위해서는 자신이 서 있는 자리를 든든하게 지키는 한편 자연과 식생이 던지는 목소리에 귀 기울여야 한다고 귀띔한다. 그것은 무엇보다 자신의 빛깔에 맞는 삶을 묵묵히 궁행하는 한편, 끝 모를 즐거움과 편리함을 안기면서 이익을 관철해가는 자본과 결별하는 것이다. 즉 소소한 일에서 행복을 느끼면서 자연과 함께하는 삶에서 무한한 기쁨을 자아내는 삶과 단단하게 고리를 이루고 있음은 물론이다.

연두색 가냘픈 여린 빛깔

훅 불면 눈발 되어 날릴 듯한
움트는 새싹의 꼼지락이
두어 장날 한눈판 사이
뒤돌아서 추억으로 웃고 나니
포로소롬 가지런하다

이제 달포 지나
아카시아 꽃향기 강물에 흩어져
산란 끝낸 잉어가 울기 시작하면
반년 넘어 기다렸던
오랜 안식의 넘쳐나는 힘으로
빈 들판이 채워지겠구나

-「그래, 맞아 59 -모내기」 전문

시인이 땀 흘리며 돌보는 논에서 삶의 철리를 들여다보는 시선이 신선하게 다가오는 작품이다. 첫 연에서 시인은 '훅 불면 눈발 되어 날릴 듯한/ 움트는 새싹의 꼼지락이/ 두어 장날 한눈판 사이/ 뒤돌아서 추억으로 웃고 나니/ 포로소롬 가지런하다'라고 노래함으로써 모내기를 한 지 두어 장날 남짓에 주인에게 걱정 말라는 듯 가지런하게 허리를 펴는 모의 신비를 들여다보고 있다. 이어지는 연에서는 그처럼 가냘픈 모가 달포 지나자 '오랜 안식의 넘쳐나는 힘으로/ 빈 들판이 채워' 가는 광경을 뿌듯하게 바라보는 농부의 마음을 옮겨놓고 있다. 벼가 꿋꿋하게 들판에 물결치는 모습을 '아카시아 꽃향기 강물에 흩어져/ 산란 끝낸 잉어가 울기 시작'한다는 청각 이미지로 생동감 있게 표현하고 있다. 또한 '두어 장날'과 '반 년'의 대비를 통하여 농부의 삶이 큰 소출을 내는 것 못지않게 자연의 섭리를 따라 세월의 강을 건넌다는 의미를 파생시켜, 자연의 생동감을 온 생애를 통해 받아들이는 흙살림의 무한한 힘을 환기하고 있다.

> 저 소리는 온갖 탐욕을 털어내는
> 아름다움을 가르치는 노래다
>
> 어제와 오늘
> 같은 소리 같은 밤이건만
> 저 달도 그렇고 별빛도 바람도
> 그리고 혀에 닿는 곡식도 다르다
>
> 가을밤, 문풍지 울리며 다가오는
> 간절한 기다림의 노래,
> 앞날의 기쁨을 기원하는
> 사랑의 노래
>
> (중략)
>
> 낙엽 수북한 덤불 숲길에서 길을 찾듯
> 애써 외면했던
> 돌아보지 않았던

다시 찾아야 할
축복의 노래 들려온다
떨리는 가슴
후련하고 설레지 않는가

-「그래, 맞아 63」 부분

흙 살림을 묵묵히 꾸려가는 농부의 마음을 표백한 듯한 시이다. 화자는 농부의 발소리를 들으며 자라는 벼들의 속삭임을 통해 '저 소리는 온갖 탐욕을 털어내는/ 아름다움을 가르치는 노래다'라는 명제를 제시하고 있다. 개인적 희생을 마다하지 않으면서 민주화 성전에 몸을 아낌없이 던지기도 했고, 현실 정치 참여를 통해 세상을 바꾸고자 온몸을 달구던 시절도 있었지만 쑥쑥 자라서 결실을 내주고 다시 새 봄을 기다리는 벼만큼 탐욕을 버린 성자는 없다는 점을 넌지시 귀띔해 준다. '같은 소리 같은 밤이건만/ 저 달도 그렇고 별빛도 바람도/ 그리고 혀에 닿는 곡식도 다르다'는 대목은 무릇 우리네 삶은 멀리서 해답을 찾기보다 오늘을 새롭게 살아감으로써 날로 든든해져 갈 것이라는 사유를 담지하고 있다. 나아가 화자는 결구에서 '다시 찾아야 할/ 축복의 노래 들려온다/ 떨리는 가슴/ 후련하고 설레지 않는가'라고 노래함으로써 벼의 생리를 따라, 헛되고 거푸집만 큰 욕망을 털어내고 빈 마음으로 설레는 날들을 맞아야 한다고 말하고 있다.

풀잎에 머금은 새벽이슬

동트기 전 잠 깨우는 새소리
밤하늘 별들의 합창과
달빛의 유혹
줄지어 나는 기러기의 울음

(중략)

바위 절벽에 뿌리 내린 소나무
몸도 마음도 하나이고 싶은 연리지
공현진의 일출과 아우내강의 노을
들판의 거친 숨소리
저절로 쉽게 시 쓰여진 밤의 고독

그 모두가
내 모습이고 싶어라

-「그래, 맞아 67 -종심從心」 전문

이번 시집의 결산이라고 해도 좋을 시편이다. 시인은 자신의 삶을 지탱해 주는 것이 그 어떤 물질도 지위도 이념도 아닌, '풀잎에 머금은 새벽이슬/ 동트기 전 잠 깨우는 새소리/ 밤하늘 별들의 합창과/ 달빛의 유혹/ 줄지어 나는 기러기의 울음'이라고 진솔하게 밝히고 있다. 살아있는 자연 속에서 일월성신이 순행하는 법칙에 따라서 피고 지는 새벽이슬, 새소리, 별들의 합창, 달빛의 유혹, 기러기 울음들을 보며 생의 좌표로 삼고 살아간다고 고백하고 있는 셈이다. 나아가 시인은 '바위 절벽에 뿌리내린 소나무/ 몸도 마음도 하나이고 싶은 연리지'가 자신의 모습이라고 밝히고 있다. 이를 통해 시인은 깡마른 박토에도 온 정성을 더하면 뿌리를 내리기 마련이고, 연리지로 상징되듯 아무리 멀리 떨어져 있는 존재들과도 한마음이 될 수 있다는 사유를 펼치고 있다. 남들이 보기에는 어려움은 어떤 일보다 힘들고 이익을 남긴다는 게 가장 어려운 흙살림이지만, 그 가운데 참다운 삶의 철리가 향기롭게 배어 있음을 일련의 시편을 통해 감명 깊게 형상화하고 있다.

지금까지 신언관 시인의 새 시집 『그래, 맞아』를 중심으로 그의 시세계를 살펴보았다. 그는 보기 드물게 충북 오창 농촌 마을에서 태어나 수십 년째 한자리를 지키며 농사를 짓고 있는 시인이다. 그런 점에서 무엇보다 시적 공간과 메시지를 일치시켜 가며 시작에 몰두하고 있는 드문 존재이다. 그는 농촌만큼 자연과 식생이 살아 있는 곳은 없다는 사유로의 회귀와 함께, 농촌이 잘 살아야 날로 팽창되어 가는 도시도 안심할 수 있는 먹거리를 얻고 인간다운 삶을 누릴 수 있는 생각이 뿌리 깊게 배어 있는 시들을 다수 선보이고 있다. '그래 맞아'라는 시집 제목에서도 달관의 경지가 엿보이지만 이번 시집은 고향의 흙과 함께 살아가면서 시인이 체득한 자연 사랑의 정신, 함께 살아가기의 정신을 생동감 있게 펼치고 있다.

신언관은 시의 주제는 과열된 경쟁과 출구를 모른 채 분출하는 욕망을 넘어 이웃들과 함께 어울리며 살아가는 것이다. 그는 그것을 거창한 슬로건을 내걸거나 경제적 풍요 여부를 따지는 통계 수치를 들이대기보다 제자리에서 자족하며 살아가는 자연과 식생의 모습을 제시하는 것으로 대신한다. 즉, '맑고 푸른 바닷가', '바위를 찾는 파도', '툇마루', '열다섯 평 따뜻한 함석집', '금강 저 끝에서 올라온 참게' 등 사물과 동식물로 환유하고 있다. 그의 마음을 따스하고 감싸는 사물과 동식물은 꾸밈이 없이 지극히 낮은 자리를 스스럼없이 지키는 것들이다. 이들은 비록 인간의 얼굴을 한 것은 아니지만 인간과 마찬가지로 열심히 일하면서 세상을 아름답게 가꿔가고 내일의 밝은 여명을 기다리는 존재들이라는 점을 잘 환기하고 있다.

또한 신언관은 이번 시집을 통해 그 같은 삶의 되풀이와 반목에서 벗어나기 위해서는 무엇보다 공존과 양보의 정신이라고 말하고 있다. 그 자신 꽃 같은 청춘을 제3공화국 치하 반독재 투쟁, 5·18 광주민중항쟁을 군홧발로 짓밟으며 집권한 전두환 군부독재 반대 투쟁, 농민이 사람 대접 받는 세상을 위한 투쟁 등으로 아낌없이 바친 사람이다. 그런데도 이번 시집에서는 일련의 시들을 통해 우리 사회가 따스한 공동체 정신을 회복하기 위해서는 반목을 넘어 서로 양보하면서 함께 살아가는 정신으로 탈바꿈해야 한다고 귀띔하고 있다. 시인은 이제 자신의 입장만을 내세우는 진영 논리에서 벗어나 민족이 겪은 아픔에 함께 공감하고 다같이 밝은 미래를 위한 치유의 공간을 만들어가야 한다고 말하고 있다.

나아가 신언관은 우리 사회의 공동체 정신은 자신이 서 있는 자리를 든든하게 지키는 한편 자연과 식생이 던지는 목소리에 귀 기울여야 한다고 귀띔한다. 그것은 무엇보다 자신의 빛깔에 맞는 삶을 묵묵히 궁행하는 한편, 끝 모를 즐거움과 편리함을 안기면서 이익을 관철해가는 자본과 결별하는 것이다. 즉 소소한 일상사에서 행복을 느끼면서 자연과 함께하는 삶에서 무한한 기쁨을 자아내는 삶과 단단하게 고리를 이루고 있음은 물론이다. 이를 통해 시인은 깡마른 박토에도 온 정성을 더하면 뿌리를 내리기 마련이고, 연리지로 상징되듯 아무리 멀리 떨어져 있는 존재들과도 한마음이 될 수 있다는 사유를 펼치고 있다. 남들이 보기에는 어려움은 어떤 일보다 힘들고 이익을 남긴다는 게 가장 어려운 흙살림이지만, 그 가운데 참다운 삶의 철리가 향기롭게 배어 있음을 일련의 시편을 통해 감명 깊게 형상화하고 있다.

이렇듯 신언관은 흙살림을 올곧게 꾸려가면서 우리 농민시의 한 맥을 든든하게 이어가고 있다. 그가 더욱 정진하여 누구도 넘볼 수 없는 시의 일가를 넉넉하게 이루기 바라면서 조촐한 논의를 마친다.

그래, 맞아

찍은날 2024년 3월 20일
펴낸날 2024년 3월 25일
지은이 신언관
펴낸이 박몽구
펴낸곳 도서출판 시와문화
주 소 13955 경기 안양시 동안구 경수대로883번길 33,
103동 204호(비산동, 꿈에그린아파트)
전 화 (031)452-4992
E-mail poetpak@naver.com
등록번호 제2007-000005호(2007년 2월 13일)
ISBN 978-89-94833-99-6(03810)

정 가 12,000원